情系女职工 法在你身边

女职工权益维护案例集

中华全国总工会女职工部◎编著

中国工人出版社

图书在版编目（CIP）数据

女职工权益维护案例集 / 中华全国总工会女职工部编著.
—北京：中国工人出版社，2020.2
ISBN 978-7-5008-7366-2

Ⅰ. ①女…　Ⅱ. ①中…　Ⅲ. ①妇女权益保障法—案例—中国
Ⅳ. ①D922.75

中国版本图书馆CIP数据核字（2020）第025545号

女职工权益维护案例集

出 版 人　王娇萍
责任编辑　冀　卓
责任印制　栾征宇
出版发行　中国工人出版社
地　　址　北京市东城区鼓楼外大街45号　邮编：100120
网　　址　http://www.wp-china.com
电　　话　（010）62005043（总编室）
（010）62005039（印制管理中心）
（010）62382916（职工教育分社）
发行热线　（010）62005996　（010）62005042（传真）
经　　销　各地书店
印　　刷　三河市东方印刷有限公司
开　　本　787毫米 × 1092毫米　1/32
印　　张　2.5
字　　数　34千字
版　　次　2020年3月第1版　2020年3月第1次印刷
定　　价　20.00元

目录

类型一

生育权利

案例 1

“排队怀孕”案

基本案情

河南省某中学有教职工 400 余人，其中女教职工占 50% 以上，育龄女教职工中符合二孩生育政策的人员较多。2016 年 1 月 1 日，国家全面二孩政策实施，该学校管理层认为该政策实施将给学校教育教学工作带来极大压力。为了避免因女教职工生育出现的“产假式缺员”，学校在 2016 年初召开教代会时，依据教代会提案建议，经学校办公会讨论并结合学校实际制定了《计划生育管理意见》，规定实行有序生育，并明确了各个学科可以怀孕二孩的教师名额，如果在特定时间未怀孕的，名额将被取消。

处理过程及结果

针对这一事件，河南省总工会及时介入，采取有效措施化解事态，切实维护了女职工的合法权益和特殊利益。

在省、市、县三级总工会的积极参与、全力督促下，相关教育行政部门与涉事单位迅速制定了整改措施：一是该中学及时纠正错误做法，废止其制定的《计划生育管理意见》，并按怀孕女教职工个人的意愿安排其重回教学岗位或是留任后勤岗位；二是宣传部门对媒体和社会作出正面回应，说明“目前学校已取消这项规定，育龄女教师可以根据自己的情况安排生育二孩”；三是对女教师因生育而缺员造成的教学问题，教育部门将采取加大从师范院校招录力度、临时聘请“代课教师”替补和返聘退休教师等措施，缓解人员短缺现象，维护正常教学秩序。至此，“排队怀孕”事件得到有效解决。

案例评析

《中华人民共和国人口与计划生育法》第

十七条规定，公民有生育的权利，有依法实行计划生育的义务，夫妻双方在实行计划生育中负有共同的责任。《中华人民共和国妇女权益保障法》第二十三条、《中华人民共和国就业促进法》第二十七条均规定，用人单位不得在劳动合同中规定限制女职工结婚、生育的内容。某中学出台排队生育的有关文件，严重违反上述法律规定，损害了女职工的合法权益。

在本案件处理过程中，省、市、县三级总工会积极参与协调，推动问题解决。为杜绝类似事件再次发生，河南省总工会印发《关于做好“全面二孩”政策下女职工权益维护工作的紧急通知》，开展相关调研，协调有关部门开展监督检查，社会反响良好，有效地维护了女职工的生育权、休息休假权等，也对其他有类似情况的用人单位敲响了警钟。

案例 2

劳动合同限制生育案

基本案情

山东省荣成市某企业，现有职工 400 余人，其中女职工占 70% 以上。企业与职工签订的劳动合同附加条款明确规定了女职工三年内不得怀孕。女职工张某某两年前来到企业做行政秘书，意外怀孕后被企业解雇。2018 年 6 月 6 日，张某某向荣成市总工会寻求帮助，希望通过工会调解依法维护自身权益。

处理过程及结果

荣成市总工会得知这一情况后，高度重视，第一时间采取行动，推动事件处理。2018 年 6 月 7 日上午，荣成市总工会法律顾问处工作人员与该企业负责人进行第一次接触，并邀请法律服务团的专业律师带着有关法律文件到该企业进行交涉，明确指出企业违反了多部法律法规中关于劳动合同不得限制生育、不得在女职工孕期单方解除劳动合同的规定，其行为侵害了女职工的合法权益。该企业负责人以劳动合同是职工自愿签订为由，坚持己见，第一次交涉失败。6 月 9 日，工会工作人员在充分了解企业运营情况的基础上，与该企业负责人进行了第二次交涉，通过工会工作人员晓之以法、动之以情的劝说，该负责人态度明显转变，同意撤销对张某某解除劳动合同的处理决定，并接受工会建议，安排专人对企业规章制度、奖惩规定以及劳动合同进行修订。

6 月 11 日，工会工作人员接到该企业工会主席电话，张某某已经恢复岗位；企业行政方已制定出新的规章制度和劳动合同，并邀请市总工会职工法律服务团派专业人员帮助审查。随后，该公司召开了职代会，表决通过了新的规章制度、奖惩规定并向全体职工予以公示，同时重新签订了女职工的劳动合同。

案例评析

《中华人民共和国妇女权益保障法》第二十三条、《中华人民共和国就业促进法》第二十七条均规定用人单位不得在劳动合同中规定限制女职工结婚、生育的内容。《中华人民共和国妇女权益保障法》第二十七条、《中华人民共和国劳动法》第二十九条、《中华人民共和国劳动合同法》第四十二条、《女职工劳动保护特别规定》第五条均明确规定女职工怀孕、生育、哺乳的，用人单位不能单方与其解除劳动合同，具有《中华人民共和国劳动合同法》第三十九条规定的情形除外。

本案中，企业与职工张某某签订的劳动合同附加条款规定“女职工三年内不得怀孕”，违反了我国法律关于劳动合同不得限制女职工生育权利的相关规定，侵犯了女职工的生育权；同时，该企业在张某某意外怀孕期间单方面将其辞退，属于违法解除与女职工张某某的劳动关系，严重侵害了女职工怀孕期间的合法权益。

在案件处理过程中，荣成市总工会一是及时发声，多次与企业进行沟通，反映职工诉求，通过晓之以法、动之以情的思想工作，使企业认识到自身的违法行为，并采取积极措施加以纠正，切实维护了女职工的合法权益；二是积极开展法律体检服务进企业活动，组织专业律师团队，对企业的劳动合同、规章制度、奖惩制度等与职工利益相关的条文进行检查，发现问题，提出意见，并限期整改；三是对有类似需求的企业，免费提供法律咨询服务。

案例 3

“怀孕审批”案

基本案情

2018 年 10 月 19 日，石家庄市职工服务中心 12351 职工服务热线值班员接到一名女职工来电，反映石家庄市某银行规定女职工生育必须提前向单位提出申请并经单位同意，否则要么实施医学流产，要么接受处分。该女职工年初没有提出申请，现在意外怀孕，因年度申请人员较多，临时申请被批准的概率几乎为零。如果按照单位内部规定，肯定要面临处分。该女职工恳请工会能督促单位废止“怀孕审批”的制度。

处理过程及结果

12351 热线负责人初步了解情况后，电话联系涉事银行的办公室主任，就相关问题进行询问及核实。随后，12351 热线负责人约见该银行办公室主任，并从国家法律法规、女职工权益维护等方面进行了讲解，指出该银行内部规定存在的问题以及由此产生的后果，要求银行立即纠正错误，废止违法规定。

在 12351 热线负责人的协调督促下，该银行对照国家法律法规逐条检查、制定整改措施，一是召开行长办公会，废止原计划生育制度，并尽快制定符合国家法律法规要求的新规定；二是针对已发生的几起因类似情况被处理的女职工，恢复其工作和待遇。至此，该事件基本解决。石家庄市职工服务中心还将进行为期两年的跟踪服务，确保该职工合法权益不再受到侵害、此类侵权事件不再发生。

案例评析

《中华人民共和国妇女权益保障法》第二十三条、《中华人民共和国就业促进法》第二十七条均规定用人单位不得在劳动合同中规定限制女职工结婚、生育的内容。本案中石家庄某银行限制女职工生育的规定，严重违反了相关法律法规，侵犯了女职工生育权利。

12351 职工服务热线是工会组织受理职工维权投诉和求助的有效工作载体。在本案处理过程中，工会通过 12351 热线接到职工求助后，高度重视，迅速行动，第一时间与当事人及银行方面取得联系，了解情况，指出问题，提出整改意见，充分发挥了工会组织维护职工合法权益的职责作用，及时化解矛盾。同时，工会进行长期跟踪，确保当事人合法权益不受二次侵犯。

类型二

生育假期

案例 1

克扣产假案

基本案情

2019年3月19日，网络媒体报道了河南省灵宝市某医院克扣女职工三分之二产假事件。该医院于2013年制定了《职工请假考勤管理制度》，对女职工产假作了规定：一胎产假为3个月，二胎产假为2个月。这些规定违反了《中华人民共和国人口与计划生育法》《女职工劳动保护特别规定》《河南省人口与计划生育条例》及《河南省女职工劳动保护特别规定》等相关法律法规中关于女职工产假的相关规定，损害了女职工的合法权益和特殊利益。

处理过程及结果

河南省总工会高度重视，立即行动，成立了调查组，与三门峡市总工会和灵宝市总工会迅速通过召开多部门联动会议、与该医院女职工代表座谈等形式，了解职工诉求，调查核实案件情况，全力督促某医院进行整改。

经协调，灵宝市某医院制定了如下整改方案：

1. 废止原《职工请假考勤管理制度》，对其他不符合相关法律法规规定的制度同时予以废止。同时及时下发《〈职工请假考勤管理制度〉产假补充规定》。

2. 严格执行《中华人民共和国劳动法》《中华人民共和国人口与计划生育法》《女职工劳动保护特别规定》《河南省人口与计划生育条例》《河南省女职工劳动保护特别规定》等国家和地方法律法规中关于生育保护的相关规定。

3. 向全院女职工致歉，并对未享受新的产休假政策的女职工给予补休及经济补偿。

4. 组织领导班子、中层干部、职工群众学习相关法律法规政策，严格执行落实国家法律法规，重新修订医院各项管理制度，切实保护广大职工特别是女职工的合法权益。

对因生育造成的医生、护士缺员问题，该市卫健委将进一步加大研究，采取引进紧缺人才、加大医院之间专家相互流转、返聘退休医生等措施，缓解人员短缺现象，维护正常医疗秩序。

案例评析

女职工产假是国家以法律法规形式明文规定，给予生育前后职业女性的权利和待遇，用人单位不得以任何理由予以侵犯。根据《女职工劳动保护特别规定》第七条、《河南省人口与计划生育条例》第二十七条、《河南省女职工劳动保护特别规定》第十一条，符合法律、法规规定生育子女的女职工，正常分娩的，除国家规定的98天产假外，可再增加产假三个月。本案中，灵宝市某医院擅自缩短女职工产假的做法违反了相关法律法规，侵害了女职工的合法权益。因此，医院应当及时依照国家法律法规和地方性法规修改相关制度规定，以保护女职工的合法权益。

在本案件处理过程中，全总、省、市三级总工会主动应对，及时协调，深入实地调查了解情况，多部门联动，切实推动用人单位整改落实，发挥工会组织在维护职工权益中的作用。为杜绝同样事件再次发生，河南省总工会专门下发通知，要求全省各级工会联合当地人力资源和社会保障局、卫生健康委员会等部门对侵害女职工合法权益的行为进行排查，并督促用人单位及时整改；三门峡市总工会也在全市下发了《关于开展女职工权益保护专项督导检查的通知》，有效地维护了女职工的休息休假权。

案例 2

克扣哺乳时间案

基本案情

2017年6月10日，梁某入职北京市某公司，担任客服专员。梁某生育后，公司未按法律规定给予梁某哺乳时间待遇。梁某与公司协商未果，于2018年8月20日向北京市门头沟区劳动争议调解委员会申请调解，申请事项为：要求公司自2018年9月1日至2018年10月4日期间，每日给予其1个小时的哺乳时间。

处理过程及结果

北京市门头沟区劳动争议调解委员会高度重视，承办的调解员第一时间与公司取得联系，并告知根据《女职工劳动保护特别规定》及相关法律法规，用人单位应当依法保障女职工哺乳时间，不得剥夺或变相剥夺女职工哺乳时间，否则应当承担必要的法律责任。经调解，公司同意修改相关制度并给予梁某哺乳时间待遇，即自 2018 年 9 月 1 日至 2018 年 10 月 4 日期间，每日给予梁某 1 小时的哺乳时间。

案例评析

《中华人民共和国妇女权益保障法》《中华人民共和国劳动法》《女职工劳动保护特别规定》对女职工特殊劳动保护有明确规定。其中《女职工劳动保护特别规定》第九条明确规定，用人单位应当在每天的劳动时间内为哺乳期女职工安排 1 小时哺乳时间；女职工生育多胞胎的，每多哺乳 1 个婴儿每天增加 1 小时哺乳时间。本案中，公司的做法损害了梁某哺乳期的合法权益。

女职工遇到此类问题，可以根据《中华人民共和国劳动法》《女职工劳动保护特别规定》选择到市、区劳动争议调解中心申请调解，也可以直接申请劳动争议仲裁或到劳动监察部门举报。

职工请假
考勤
管理制度

类型三

生育津贴

案例 1

生育津贴差额案

基本案情

女职工李某某于 2011 年 11 月 1 日入职上海某公司，先后与公司续签了两次劳动合同，工资涨至每月 15000 元，但在她与公司签订的劳动合同中，劳动报酬一栏均只标明每月 2300 元。其工资发放为：自 2014 年起，公司每月除了劳动合同中约定的 2300 元是通过银行转账外，其余部分都以现金形式发放。2016 年 8 月李某某生育后休产假，休完产假上班后发现领取的生育津贴低于原工资待遇。李某某与公司因生育津贴差额事宜发生争议，并于 2017 年 1 月 5 日向上海市普陀区劳动人事争议仲裁委员会申请仲裁，要求公司补足近 5 万元的生育津贴差额。李某某随后到上海市普陀区总工会朱雪芹职工法律援助工作室提出法律援助申请。

处理过程及结果

工作室受理了李某某的法律援助申请，并为李某某指派了法律援助律师代理仲裁开庭。在办案过程中，律师发现李某某与公司签订的几份劳动合同中，在劳动报酬一栏都只标明为每月 2300 元，虽然她的实际工资远远高于这个数字，但自从 2014 年起，公司每月除了劳动合同中约定的 2300 元是通过银行转账外，其余部分都是发放现金，李某某手里既没有入账凭证，也没有签收单，想要证明自己生育前的真实工资标准极为困难。代理律师认为在缺乏直接证据证明工资标准的情况下，要尽量多搜集一些间接证据，如果能相互印证实际发放的金额，也可能在审理中被采纳。律师建议李某某查找以往和公司来往的邮件、短信、微信、QQ 等记录，看其中是否有关于工资标准和工资支付的内容。

经过耐心查找，李某某发现自己曾经在公司内部聊天软件中和公司人事谈起过自己的工资标准问题，在微信中找到了公司发给她的某月的工资计算标准图片，并在手机里找到了几张工资单的照片，另外发现公司曾有几次通过支付宝将工资转账给自己。如果单凭这些证据其中任何一项，证明实际工资标准都是有难度的，但这些证据综合在一起相互印证，成为支持李某某诉求的有力支撑。

仲裁庭审时，虽然公司一口咬定李某某的工资只有 2300 元，且拿出公司转账记录予以佐证，但对于李某某提交的一系列证据都未能做出有说服力的反驳，最终仲裁部门采信了李某某月工资 15000 元的主张，并支持了李某某要求公司补足生育津贴差额近 5 万元的诉求。

仲裁裁决后，公司不服裁决向法院提起诉讼，朱雪芹工作室继续为李某某提供法律援助，指派律师代理诉讼。经过多次协商，双方最终达成和解。

案例评析

《女职工劳动保护特别规定》第五条规定，用人单位不得因女职工怀孕、生育、哺乳降低其工资，所以女职工产假期间的工资不得低于其原工资性收入。本案中，单位未为职工依法足额缴纳生育保险费，给李某某造成了生育津贴损失，单位应当补偿差额。李某某产假前的原工资待遇为15000元，故其要求以此标准享受产假工资待遇，于法未悖。

本案争议的焦点在于职工工资表上的收入与其实际收入不符，明显低于职工的实际收入，为规避足额缴纳社保责任，企业按工资表上的金额为职工缴纳社保。因此，证明职工的真实收入是此案的关键。根据《中华人民共和国劳动争议调解仲裁法》第六条，当事人对自己提出的主张，有责任提供证据。职工法律援助律师指导当事人李某某找到了单位向其支付其余收入的支付宝转账记录、聊天记录、录音光盘及文字整理稿等证据，来证明自己每月实际工资分为两部分支付，实际是15000元，对案件审理和当事人维权起到了至关重要的作用。

案例 2

生育保险待遇纠纷案

基本案情

2015 年 4 月 21 日，刘某应聘到河北某医药有限公司从事电话营销工作，每月工资为 1600 元。2015 年 10 月，双方签订了为期一年的书面劳动合同，公司承诺为刘某缴纳五险一金，要求刘某将档案转移至该单位，但公司没有按照承诺为刘某缴纳各项社会保险。2016 年 3 月，在刘某的一再要求下，公司再次承诺从 2016 年 4 月开始为其缴纳各项社会保险费，刘某的工资单也显示，从 2016 年 4 月开始，公司扣除了刘某个人应当承担的保险费用。

2016 年 10 月劳动合同到期后，双方并没有续签劳动合同，但刘某一直在该公司工作，2017 年 2 月 16 日刘某开始休产假，2017 年 4 月

7日生育。

2017年5月5日，刘某因报销生育津贴到市医保中心查询得知，公司自2016年8月才开始为其缴纳医疗保险费和生育保险费，并补缴了之前拖欠的保险费。按照《石家庄市市区城镇职工生育保险办法》规定，连续缴费满10个月（不含补缴时间）生育的，才能享受生育津贴待遇。由于截止到2017年4月7日刘某生育时，公司连续缴纳生育保险费的时间仅8个月，故刘某无法享受生育津贴待遇。

2017年8月7日，刘某产假结束后，找到公司要求补偿，但公司一直不予明确答复，且停发了刘某的工资，并不再为其缴纳各项社会保险费。2017年9月3日，双方再次协商时，公司领导表示只要刘某主动提出辞职，在辞职报告上签字，即可拿到补偿。但刘某签完字后，公司仅补发了生育前的病假工资，对生育津贴只字不提，以致双方的矛盾难以自行协商解决。

2017年9月25日，刘某到石家庄市总工会寻求帮助，希望通过工会法律援助依法维护自身权益。刘某提出公司补发产假期间生育津贴的诉求。

处理过程及结果

2017 年 9 月 25 日，石家庄市总工会指派职工法律援助团律师为其提供法律援助。2017 年 9 月 26 日，律师与刘某取得联系，得知刘某已经向石家庄市劳动人事争议仲裁委员会申请了仲裁，举证期限仅余 3 日，律师认为在短时间内调解解决是对刘某最有利的维权方式。

单位收到仲裁委送达的申请书后提出管辖异议。10 月 12 日上午，石家庄高新技术产业开发区劳动人事争议调解仲裁委员会组织双方调解，单位代理人与领导沟通后答应调解，并当场一次性支付了刘某 12000 元补偿金。

案例评析

为职工缴纳生育保险费是用人单位的法定义务，女职工生育期间享受生育津贴是法律赋予女职工特有的权利。《女职工劳动保护特别规定》第八条规定，女职工产假期间的生育津贴，对未参加生育保险的，按照女职工产假前工资标准由用人单位支付。本案中，刘某 2015 年 4

月即与公司建立了劳动关系，公司 2016 年 8 月才开始为其缴纳包括生育保险在内的各项社会保险，导致其生育时公司连续缴纳生育保险的时间不足 10 个月，无法享受生育津贴待遇。按照相关法律法规规定，刘某的生育津贴应由用人单位支付。

本案处理过程中，主办律师帮助女职工选择通过调解的方法解决此案件，原因在于当事人正处于哺乳期，如果按照诉讼程序进行，一方面耗时长，时间成本高，影响其再就业及工资收入；另一方面不利于当事人的身体恢复和对婴幼儿的照护。

类型四

孕期调岗

案例 *1*

孕期遭恶意调岗被迫辞职案

基本案情

李某某于 2017 年 3 月入职宁夏某公司，签订了为期 2 年的劳动合同，岗位系办公室文员。2018 年 11 月，李某某因怀孕向单位请了两周保胎假，完成了正常的请假手续，并交接了工作。李某某休完假后正常复岗工作。2019 年 1 月 22 日，单位以李某某工作表现不符合岗位职责为由，将其调整到销售岗位。李某某不同意，认为以目前自身情况无法完成销售任务。公司以李某某不服从管理为由，要求其递交辞职报告。1 月 24 日，李某某到银川市总工会职工（农民工）法律援助工作站求助。

处理过程及结果

银川市总工会职工（农民工）法律援助工作站工作人员认真听取了李某某的诉说并做了详细记录，随后通过电话联系该公司负责人核实情况，并告知其违反了用人单位在女职工孕期不得单方解除劳动合同的法律规定。该公司负责人态度强硬，辩称李某某不服从工作安排，无视公司规章制度，公司劝退不是辞退，没有违反法律规定。

面对这种情况，法律援助工作站为李某某指派了律师，代写了劳动仲裁申请书，递交到银川市劳动人事争议仲裁院。公司收到劳动人事争议仲裁院的通知后，考虑到如果败诉将承担不利的法律后果，遂主动要求调解。

2019 年 3 月 12 日，仲裁庭进行裁前调解。经调解，双方达成调解协议，公司同意不辞退李某某，李某某返回原岗位工作。

案例评析

这是一起典型的用人单位“恶意调岗”侵

犯孕期女职工权益的案件。《中华人民共和国劳动合同法》第三十五条规定，用人单位与劳动者协商一致，可以变更劳动合同约定的内容；变更劳动合同，应当采用书面形式。根据上述规定，用人单位随意调整怀孕女职工的工作岗位属于违法行为。用人单位为规避法律规定，无视劳动合同的约定，将怀孕女职工调整到相对繁重的工作岗位，然后以女职工不服从调整或者不能胜任工作岗位为由“劝退”，以达到辞退女职工的目的。这种做法侵犯了女职工的生育权利，在现实中具有一定的代表性。我国《女职工劳动保护特别规定》第六条明确规定了孕期调岗的情形，即女职工在孕期不能适应原劳动的，用人单位应当根据医疗机构的证明，予以减轻劳动量或者安排其他能够适应的劳动。这种从孕期女职工劳动保护的角度出发的调岗，需要有医疗机构的医学证明，并征得女职工同意。

李某某在被强迫调整岗位后及时向工会投诉，市总工会采取“仲裁+工会”为职工提供法律援助的维权模式，一方面向用人单位核实情况，进行普法宣传，另一方面向女职工提供法律援助，申请劳动仲裁，促成调解，最大限度地维护了女职工的合法权益。

继续履行
劳动合同
劳动
合同法

案例 2

孕期遭恶意调岗提高劳动强度案

基本案情

邱某某系襄阳某包装公司职工，在该公司已经工作四年多，从事仓库管理员岗位。2016年4月邱某某怀孕（二孩）。8月30日，邱某某身体突然出现不适，经医疗机构诊断有先兆流产症状，医生建议请假休息。第二天，邱某某向公司递交了请假条和医疗机构的病情证明，公司批准她休息10天。9月9日，邱某某忽然接到公司通知，要求她9月10日直接到包装生产线上班。该公司的生产线岗位工作时间为白班、夜班“两班倒”，需要频繁弯腰、下蹲，而且有负重。接到调岗通知后，邱某某数次向公司提出其岗位劳动强度大，自己已经怀孕，不适合夜班及长时间的加班工作，更不适合从事体力劳动，请求继续在原岗位工作，但均遭到公司方拒绝。9月19日，邱某某上夜班，因为无法承受劳动强度和夜班工作，又出现先兆流产症状，考虑到身体无法适应该岗位，只能提出辞职。邱某某将公司恶意调岗并迫使其辞职一事反映到襄阳市襄州区总工会和劳动人事争议仲裁委员会。

处理过程及结果

在襄州区总工会的援助下，邱某某提起了劳动仲裁申请，要求与该包装公司解除劳动合同，由公司支付解除劳动合同经济补偿金。

襄州区总工会本着调解优先、和谐为本的原则，安排工作人员主动进入公司，对该公司管理层人员进行了劳动法律法规的宣讲，公司认识到自己的行为是违法的，同意让邱某某继续到仓库保管员的岗位上班。但邱某某不愿意再到公司上班，她想同公司解除劳动合同，回家休息待产，希望公司能够给予其相应补偿金。

经襄州区劳动人事争议仲裁院和襄州区总工会调解，邱某某同公司达成调解协议：①申请人、被申请人双方同意于2016年9月30日解除劳动合同。②被申请人为申请人缴纳社会保险费至2016年10月。③被申请人向申请人一次性补发8月、9月工资3750元，并向申请人支付解除劳动合同经济补偿金13000元。④双方解除劳动合同后，被申请人配合申请人在人社部门办理领取失业保险金手续。

案例评析

《中华人民共和国劳动合同法》第三十五条规定，用人单位与劳动者协商一致，可以变更劳动合同约定的内容；变更劳动合同，应当采用书面形式。《女职工劳动保护特别规定》第六条规定，如果女职工在孕期不能适应原劳动的，用人单位应根据医疗机构的证明，予以减轻劳动量或者安排其他能够适应的劳动。在本案中，邱某某劳动合同约定岗位为仓库保管员，单位在明知邱某某已怀孕的情况下，还将其工作岗位调到包装生产线，非但未减轻其劳动量，还提高了劳动强度，单位的这种做法违反了上述法律规定，侵犯了女职工合法权益和特殊利益。

在本案中，邱某某出于其自身情况考虑，准备直接回家待产，主动提出解除劳动合同。

实践中如果女职工遇到此类争议，综合再就业、社会保险缴纳、女职工个人情况等因素，也可以选择恢复原工作岗位，继续履行劳动合同。

类型五

劳动合同

案例

试用期怀孕被解除劳动合同案

基本案情

周某某于2018年3月19日入职广州某贸易有限公司，任人力资源总监一职，双方签订书面劳动合同，合同期限为2018年3月19日至2021年3月18日，并约定试用期为3个月，即2018年3月19日至2018年6月18日。《聘用确认函》中明确告知周某某的试用期月工资为27000元，转正后月工资为30000元。周某某入职后一直兢兢业业工作，2018年6月18日，周某某试用期满，公司为其购买了五险一金。

2018年6月26日周某某获知自己意外怀孕，遂如实向公司总经理冯某报告并承诺绝不因此影响工作，也无须降低工作量，并通过微信将怀孕的检验报告发给了部门的负责人钟某。2018

年7月4日，周某某意外收到公司的《试用期考核不合格通知书》，当时周某某立即表示不同意公司的做法，但公司不予理会。

2018年8月23日，周某某寻求工会法律帮助，希望通过工会提供的法律援助依法维护自身权益。

处理过程及结果

工会法律援助律师接受指派后，立即指导当事人先行与广州某贸易有限公司协商，但屡次被拒。经过一段时间协商无果后，法律援助律师与周某某商议尽快提起劳动仲裁。为了最大限度保护正处于孕期的周某某的合法权益，帮助当事人实现利益最大化，法律援助律师提出要求公司继续履行劳动合同，并支付当事人孕期未付工资。

本案仲裁阶段，广州市劳动人事争议仲裁委员会支持了周某某的仲裁请求。

广州某贸易有限公司不服仲裁裁决，起诉至广州市天河区人民法院。广州市天河区人民法院一审判决：①广州某贸易有限公司于本判决发生法律效力之日起三日内继续履行双方于

2018年3月19日签订的劳动合同。②广州某贸易有限公司于本判决发生法律效力之日起三日内支付周某某诉请2018年7月2日至2018年7月3日期间的工资差额1089.46元。③广州某贸易有限公司于本判决发生法律效力之日起三日内支付2018年7月4日至2018年8月23日期间周某某的工资差额10206.90元。④广州某贸易有限公司于本判决发生法律效力之日起三日内返还2018年3月至2018年5月期间应由单位承担的社会保险费2496.89元。⑤驳回广州某贸易有限公司的其他诉讼请求。

2019年1月，周某某及公司因不服一审判决提出上诉。经二审法院开庭审理后，广州市中级人民法院作出的二审判决改判一审判决第三项，支持2018年7月4日至2018年8月23日期间周某某的工资差额为33862.07元，维持了一审的其他判决结果。

案例评析

《中华人民共和国妇女权益保障法》第二十七条、《中华人民共和国劳动法》第二十九条、《中华人民共和国劳动合同法》第四十二条、《女职工劳动保护特别规定》第五条均明确规定女职工怀孕、生育、哺乳的，用人单位不能单方与其解除劳动合同，具有《中华人民共和国劳动合同法》第三十九条规定的情形除外。本案中周某某在试用期满转正之后得知怀孕，单位向周某某发送《试用期考核不合格通知书》，单方提出解除劳动关系，不具备充分的事实依据，明显属于违法解除劳动合同，严重侵犯女职工合法权益。

根据《中华人民共和国劳动合同法》规定，针对此类侵权案件，女职工可以要求解除劳动合同并要求单位支付违法解除赔偿金，或者要求单位继续履行劳动合同。在司法实践中，对“三期”（孕期、产期、哺乳期）女职工等特殊群体的劳动者被违法解除劳动合同的案例，比较统一的认识是恢复劳动关系能够更全面地维护女职工权益，宜主张继续履行原劳动合同。

类型六

产后返岗

案例

产假后被解除劳动合同案

基本案情

孔某于 2013 年入职北京市一家公司，在食堂担任面点师，与单位签订了劳动合同，但并未标明合同期限。2017 年 6 月 26 日，孔某分娩，产假自 2017 年 6 月 26 日至 2017 年 11 月 1 日。产假之后，孔某多次要求回公司上班，公司领导让其等通知。2018 年 5 月 3 日，孔某再次要求回公司上班，公司以孔某产假期满未上班属于旷工为由，与其解除劳动合同。孔某提出劳动仲裁，要求单位支付产假后到解除劳动合同期间的工资，以及违法解除劳动合同赔偿金。仲裁立案后，孔某到北京市经济技术开发区总工会申请工会法律援助。

处理过程及结果

北京市经济技术开发区总工会指导孔某办理了工会法律援助手续，并为其指派了工会法律援助律师代理该案件。

该案的焦点在于孔某是否存在旷工，因为孔某在产假后确实没有再上班，所以证明孔某未上班的原因是单位没有安排工作而不是旷工是该案的重中之重。在援助律师的指导下，孔某在庭审中提交了录音证据。录音内容是2018年5月3日，孔某去公司人事部询问什么时候为自己安排工作岗位。其中部分内容为：孔某称自己一直等待单位跟她联系何时上班，但一直没有得到消息；公司的李经理表示孔某不用来上班了。部分对话为：孔某称，“像我这样，生完小孩，公司就不用我了？”李经理答复，“你生完孩子上什么班啊？”

最终，仲裁委员会支持了申请人孔某的仲裁请求，裁决用人单位向孔某支付工资8400元和违法解除劳动合同的经济赔偿金31500元。

案例评析

《中华人民共和国妇女权益保障法》第二十七条、《中华人民共和国劳动法》第二十九条、《中华人民共和国劳动合同法》第四十二条、《女职工劳动保护特别规定》第五条均明确规定女职工怀孕、生育、哺乳的，用人单位不能单方与其解除劳动合同，具有《中华人民共和国劳动合同法》第三十九条规定的情形除外。本案中女职工孔某休完产假后多次通过电话、与单位负责人面谈等方式要求上班，均被单位要求回去等消息，未被安排工作。在法律援助律师帮助下，女职工有证据证明自己是因单位原因造成的待岗，而不是旷工，所以公司以孔某旷工为由解除劳动合同，不具备事实依据，属于违法解除劳动合同，应当给予孔某相应的赔偿。

当女职工遇到此类被解除劳动合同的情况时，应当注意保存相应的证据材料，学会用法律武器维护自己的合法权益。

解除劳动合同
仲裁
工会法律援助

类型七

性骚扰

案例 1

违法解除受害人劳动合同案

基本案情

刘某与某销售公司于 2016 年 12 月 1 日签订劳动合同，任销售专员。吴某是销售部门经理，经常暗示要与其发生不正当关系，并暗示可以对其进行特殊照顾。刘某未予以理睬，并将吴某对其性骚扰的语言和向其发送的短信、图片等均做了保存。吴某见刘某未就范，便处处为难刘某，最终竟以不服从工作安排为由要求公司与刘某解除劳动合同，公司向刘某发送了解除劳动合同通知。

刘某为维护自身的合法权益，遂向单位所在地劳动人事争议仲裁委员会申请劳动仲裁，要求公司向其支付违法解除劳动合同的赔偿金。

处理过程及结果

刘某在受到吴某的性骚扰后，向公司所在地的工会进行了咨询，工会工作人员建议她保存吴某对其实施性骚扰的证据，并提出可以协助刘某用法律手段维权。

吴某作为公司的部门经理利用职权与刘某解除劳动关系时，刘某再次向工会寻求帮助，工会经审查确定吴某符合法律援助条件，为其指派了法援律师。在案件审理过程中，刘某提供了相应的证据材料证明吴某存在性骚扰行为，公司无法提供关于刘某不服从工作安排的相应证据材料，最终仲裁机关作出裁决，裁决公司向刘某支付违法解除劳动合同的赔偿金。

案件发生后，公司以吴某严重违反公司规章制度为由，与其解除了劳动合同。

案例评析

本案中涉及的性骚扰行为是典型的交换型性骚扰。交换型性骚扰是指由某个掌握权力的人（骚扰者），比如单位上级领导或公司主管，提出性方面的要求，以此作为对方（受骚扰者）获得与工作有关的机会或待遇（如录用、晋升、加薪、培训机会、调岗、职业稳定等）的交换条件。本案中吴某作为销售经理，暗示如对方答应其性要求可以对刘某进行特殊照顾，在遭到拒绝的情况下，与刘某解除劳动合同，属于交换型性骚扰。

《中华人民共和国妇女权益保障法》第四十条规定“禁止对妇女实施性骚扰。受害妇女有权向单位和有关机关投诉”，《女职工劳动保护特别规定》第十一条规定“在劳动场所，用人单位应当预防和制止对女职工的性骚扰”。如果劳动者在工作中遇到此类争议，可根据规定向所在单位和有关机关依法投诉、举报或申请调解仲裁。2018 年 12 月最高人民法院在《民事案件案由规定》中增加了“性骚扰损害责任纠纷”这一新的案由，对于工作场所性骚扰行为，职工可以根据这一案由向人民法院提起诉讼。另外，性骚扰受害者要注意保留证据，本案中刘某胜诉的关键就在于有强有力的证据支持。

诉讼
证据

案例 2

解除性骚扰实施者劳动合同案

基本案情

孙某于 2016 年 4 月 1 日与公司签订了劳动合同，任维修主管，合同期限为 2016 年 4 月 1 日至 2018 年 3 月 31 日。在工作期间，孙某采用语言挑逗、通过电脑网络发送黄色照片等方式，对同一办公室的女职工王某、张某多次进行骚扰，有时在微信工作群中发表针对女性的不当言论，甚至讲些令人反感的黄色笑话。被骚扰的女职工向工会反映该问题，工会工作人员积极与公司人事经理联系，建议协调沟通。

处理过程及结果

该公司《员工奖惩条例》中规定了严重扰

乱工作秩序、骚扰同事的行为属于严重违反公司规章制度的行为。公司通过询问女职工、查询相应工作微信群记录内容等，调查确认孙某的性骚扰行为后，多次找其谈话、进行教育，但孙某拒不接受教育，拒不承认错误。故公司以孙某严重违反公司纪律和规章制度，且不接受教育为由，作出与孙某解除劳动合同的决定。

经过仲裁审理后，孙某不服裁决结果，向法院请求撤销公司作出的解除劳动合同决定，并继续履行劳动合同。法院最终驳回了孙某的诉讼请求。

案例评析

本案中涉及的性骚扰行为是典型的敌意环境型性骚扰。敌意环境型性骚扰是指任何人以具有性意味的言辞或行为，给他人造成敌意性、胁迫性或冒犯性的工作环境。本案中孙某语言挑逗、发黄色照片、讲黄色笑话等行为均属于敌意环境型性骚扰。

《中华人民共和国妇女权益保障法》第四十条规定“禁止对妇女实施性骚扰。受害妇女有权向单位和有关机关投诉”，《女职工劳动保护特别规定》第十一条规定“在劳动场所，用人单位应当预防和制止对女职工的性骚扰”。孙某作为单位员工，其性骚扰行为对女职工的身心健康及名誉造成了损害，严重违反了国家保护妇女权益相关法律法规，违反了公司的劳动纪律等规章制度。因此，公司作出解除与孙某劳动关系的决定。公司的决定有事实依据、法律依据和单位规章制度依据，属于合法行为。

女职工遇到性骚扰问题，要保留好相应的证据，并可通过向所在单位和有关机关依法投诉、举报或申请调解仲裁、向人民法院起诉等渠道维护自身的合法权益，如果人身受到威胁或侵害，要及时报警。用人单位有预防和制止工作场所性骚扰的义务和责任，可通过将禁止性骚扰明确写入规章制度、建立专门受理工作场所性骚扰投诉或举报的机构、明确处理程序、及时采取补救措施等预防和制止对女职工的性骚扰。

维护女职工合法权益和特殊利益

法律在线

本部分摘录条款为前述案例中涉及的女职工权益保护相关国家法律法规规定。

1.《中华人民共和国妇女权益保障法》

第二条 妇女在政治的、经济的、文化的、社会的和家庭的生活等各方面享有同男子平等的权利。

实行男女平等是国家的基本国策。国家采取必要措施，逐步完善保障妇女权益的各项制度，消除对妇女一切形式的歧视。

国家保护妇女依法享有的特殊权益。

禁止歧视、虐待、遗弃、残害妇女。

第二十三条 各单位在录用职工时，除不适合妇女的工种或者岗位外，不得以性别为由拒绝录用妇女或者提高对妇女的录用标准。

各单位在录用女职工时，应当依法与其签

订劳动（聘用）合同或者服务协议，劳动（聘用）合同或者服务协议中不得规定限制女职工结婚、生育的内容。

禁止录用未满十六周岁的女性未成年人，国家另有规定的例外。

第二十六条 任何单位均应根据妇女的特点，依法保护妇女在工作和劳动时的安全和健康，不得安排不适合妇女从事的工作和劳动。

妇女在经期、孕期、产期、哺乳期受特殊保护。

第二十七条 任何单位不得因结婚、怀孕、产假、哺乳等情形，降低女职工的工资，辞退女职工，单方解除劳动（聘用）合同或者服务协议。但是，女职工要求终止劳动（聘用）合同或者服务协议的除外。

各单位在执行国家退休制度时，不得以性别为由歧视妇女。

第四十条 禁止对妇女实施性骚扰。受害妇女有权向单位和有关机关投诉。

第五十一条 妇女有按照国家有关规定生育子女的权利，也有不生育的自由。

育龄夫妻双方按照国家有关规定计划生育，有关部门应当提供安全、有效的避孕药具和技术，保障实施节育手术的妇女的健康和安全。

国家实行婚前保健、孕产期保健制度，发展母婴保健事业。各级人民政府应当采取措施，保障妇女享有计划生育技术服务，提高妇女的生殖健康水平。

2.《中华人民共和国劳动法》

第二十九条 劳动者有下列情形之一的，用人单位不得依据本法第二十六条、第二十七条的规定解除劳动合同：

（一）患职业病或者因工负伤并被确认丧失或者部分丧失劳动能力的；

（二）患病或者负伤，在规定的医疗期内的；

（三）女职工在孕期、产期、哺乳期内的；

（四）法律、行政法规规定的其他情形。

3.《中华人民共和国劳动合同法》

第三十五条 用人单位与劳动者协商一致，可以变更劳动合同约定的内容。变更劳动合同，应当采用书面形式。

变更后的劳动合同文本由用人单位和劳动者各执一份。

第三十九条 劳动者有下列情形之一的，

用人单位可以解除劳动合同：

（一）在试用期间被证明不符合录用条件的；

（二）严重违反用人单位的规章制度的；

（三）严重失职，营私舞弊，给用人单位造成重大损害的；

（四）劳动者同时与其他用人单位建立劳动关系，对完成本单位的工作任务造成严重影响，或者经用人单位提出，拒不改正的；

（五）因本法第二十六条第一款第一项规定的情形致使劳动合同无效的；

（六）被依法追究刑事责任的。

第四十二条 劳动者有下列情形之一的，用人单位不得依照本法第四十条、第四十一条的规定解除劳动合同：

（一）从事接触职业病危害作业的劳动者未进行离岗前职业健康检查，或者疑似职业病病人在诊断或者医学观察期间的；

（二）在本单位患职业病或者因工负伤并被确认丧失或者部分丧失劳动能力的；

（三）患病或者非因工负伤，在规定的医疗期内的；

（四）女职工在孕期、产期、哺乳期的；

（五）在本单位连续工作满十五年，且距法定退休年龄不足五年的；

（六）法律、行政法规规定的其他情形。

第四十八条 用人单位违反本法规定解除或者终止劳动合同，劳动者要求继续履行劳动合同的，用人单位应当继续履行；劳动者不要求继续履行劳动合同或者劳动合同已经不能继续履行的，用人单位应当依照本法第八十七条规定支付赔偿金。

4.《中华人民共和国就业促进法》

第二十七条 国家保障妇女享有与男子平等的劳动权利。

用人单位招用人员，除国家规定的不适合妇女的工种或者岗位外，不得以性别为由拒绝录用妇女或者提高对妇女的录用标准。

用人单位录用女职工，不得在劳动合同中规定限制女职工结婚、生育的内容。

5.《中华人民共和国人口与计划生育法》

第十七条 公民有生育的权利，也有依法实行计划生育的义务，夫妻双方在实行计划生育中负有共同的责任。

第二十五条 符合法律、法规规定生育子女的夫妻，可以获得延长生育假的奖励或者其他福利待遇。

第二十六条 妇女怀孕、生育和哺乳期间，按照国家有关规定享受特殊劳动保护并可以获得帮助和补偿。

公民实行计划生育手术，享受国家规定的休假；地方人民政府可以给予奖励。

6.《中华人民共和国劳动争议调解仲裁法》

第四条 发生劳动争议，劳动者可以与用人单位协商，也可以请工会或者第三方共同与用人单位协商，达成和解协议。

第六条 发生劳动争议，当事人对自己提出的主张，有责任提供证据。与争议事项有关的证据属于用人单位掌握管理的，用人单位应当提供；用人单位不提供的，应当承担不利后果。

7.《女职工劳动保护特别规定》

第五条 用人单位不得因女职工怀孕、生育、哺乳降低其工资、予以辞退、与其解除劳动或者聘用合同。

第六条 女职工在孕期不能适应原劳动的，

用人单位应当根据医疗机构的证明，予以减轻劳动量或者安排其他能够适应的劳动。

对怀孕7个月以上的女职工，用人单位不得延长劳动时间或者安排夜班劳动，并应当在劳动时间内安排一定的休息时间。

怀孕女职工在劳动时间内进行产前检查，所需时间计入劳动时间。

第七条 女职工生育享受98天产假，其中产前可以休假15天；难产的，增加产假15天；生育多胞胎的，每多生育1个婴儿，增加产假15天。

女职工怀孕未满4个月流产的，享受15天产假；怀孕满4个月流产的，享受42天产假。

第八条 女职工产假期间的生育津贴，对已经参加生育保险的，按照用人单位上年度职工月平均工资的标准由生育保险基金支付；对未参加生育保险的，按照女职工产假前工资的标准由用人单位支付。

女职工生育或者流产的医疗费用，按照生育保险规定的项目和标准，对已经参加生育保险的，由生育保险基金支付；对未参加生育保险的，由用人单位支付。

第九条 对哺乳未满1周岁婴儿的女职工，

用人单位不得延长劳动时间或者安排夜班劳动。

用人单位应当在每天的劳动时间内为哺乳期女职工安排1小时哺乳时间；女职工生育多胞胎的，每多哺乳1个婴儿每天增加1小时哺乳时间。

第十一条 在劳动场所，用人单位应当预防和制止对女职工的性骚扰。

第十四条 用人单位违反本规定，侵害女职工合法权益的，女职工可以依法投诉、举报、申诉，依法向劳动人事争议调解仲裁机构申请调解仲裁，对仲裁裁决不服的，依法向人民法院提起诉讼。

第十五条 用人单位违反本规定，侵害女职工合法权益，造成女职工损害的，依法给予赔偿；用人单位及其直接负责的主管人员和其他直接责任人员构成犯罪的，依法追究刑事责任。

附录

性别平等及女职工权益保护
知识竞赛题目

后 记

依法维护女职工合法权益和特殊利益，是贯彻落实男女平等基本国策、落实中央关于坚决防止和纠正就业中的性别歧视指示精神、构建和谐劳动关系的重要内容，是工会女职工组织的基本职责。当前，女职工权益实现面临一些新情况新问题，特别是生育政策调整后，工作场所性别歧视问题日益凸显，限制女职工生育、生育待遇不落实等侵犯女职工权益案件时有发生。面对这些侵权案件，工会女职工组织第一时间调查了解情况，积极推动调查处理，社会反响良好，有效维护了女职工权益，同时对其他类似情况敲响警钟，防止此类侵权案件再次发生。

《女职工权益维护案例集》是在征集各地工会女职工组织维权案例的基础上组织编写的，

主要对七个类别的典型案例进行分析，以案释法，促进用人单位增强守法意识、履行法律义务；指导工会女职工组织依法处理侵犯女职工权益问题；引导女职工尊法学法懂法用法，依法维护自身合法权益和特殊利益。

全总女职工部

2020 年 1 月